# Angel's Kite

## LA ESTRELLA DE ANGEL

Story by / Escrito por Alberto Blanco ★ Pictures by / Ilustrado por Rodolfo Morales

English translation by / Traducido al inglés por Dan Bellm

Children's Book Press / Libros para niños ★ Emeryville, California

In that town, as in every town, there was a square, and by
the square there was a church, and in the church there was a bell,
and the bell rang. Or at least it *used* to ring, Angel remembered, but
ever since the sad day when their church bell disappeared, his town
hadn't been the same. No longer were people lifted out of bed in the
morning by the bronze wings of the bell. No longer could they
tell when someone was getting married or someone had died.

En aquel pueblo, como en todos los pueblos, había una plaza.
Y junto a la plaza había una iglesia, y en la iglesia una campana. Y la
campana, como todas las campanas, repicaba... o al menos eso
recordaba Angel. Porque desde el triste día en que desapareció
la campana del pueblo, la vida de su gente no era la misma.
Ya no se levantaba con sus alas de bronce, ni sabía de los
casamientos ni los velorios por sus campanadas.

A few people said that the priest had sold the bell to a collector from a foreign land. Others said that revolutionaries had stolen it to melt it down and turn the metal into cannons. Others said that, pure and simple, it had disappeared by magic.

In any case, the town didn't have a bell any more, and people had gotten used to it. But Angel wasn't like the others. He couldn't forget the church bell of his town.

Algunos decían que la campana había sido vendida por el párroco a un coleccionista extranjero; otros decían que unos revolucionarios se la habían robado para fundirla y hacer con el metal cañones; otros decían que simple y sencillamente había desaparecido por arte de magia.

El caso es que en ese pueblo ya no había campana. Y la gente había terminado por acostumbrarse. Pero Angel no era de ésos. No podía olvidarse de la campana de su pueblo.

To take his mind off these sad memories, Angel kept himself busy every afternoon making kites — or as people there called them, "comets" or "stars." Angel thought up the most beautiful "stars" in the whole town, and he created and sold them himself, which made him feel very happy and proud.

Para despejar su mente de tristes recuerdos, decidió proseguir con su trabajo de todas las tardes: hacer papalotes, cometas o *estrellas*, como los llamaban en su tierra. Angel imaginaba, fabricaba y vendía las estrellas más bonitas del pueblo, por lo cual se sentía muy contento y orgulloso.

A few bits of colored thread and broom straw, some tissue paper and glue — that was all it took for Angel's imagination and hands to bring the most beautiful fantasies to life: landscapes and people and animals, creatures no one had ever seen before, bicycles and moons and suns....

Hilos de colores, popotes, paja, papel de China y engrudo bastaban para que su imaginación y sus manos dieran forma a las más bellas fantasías: paisajes, personas, animales, criaturas nunca vistas, bicicletas, lunas y soles...

And off his beautiful comets and stars would go, dancing in the wind to the delight of children and grown-ups alike. And yet, the memory of the church bell kept troubling Angel's heart.

One day, to shake himself out of missing that lost bell so much, Angel decided to make the most beautiful kite in the world. His three trusty dogs named Lobo, Chino and Rabito were at his side. (Their names meant Wolf Dog, Curly Head and Little Tail.)

Allá iban los hermosos cometas, las hermosas estrellas, bailando en el viento ante el regocijo de todos los niños y de muchos de los mayores. Pero el recuerdo de la campana seguía lastimando su corazón.

Hasta que una tarde, para sacudirse la nostalgia por la campana desaparecida, Angel decidió hacer el papalote más bonito del mundo. Lobo, Chino y Rabito, sus tres perritos, sus inseparables compañeros, estaban a su lado.

For one whole month he worked away at his masterpiece, and the children of the town couldn't understand why they hadn't seen him making and selling kites as usual.

When he finished, Angel could hardly believe it himself. There it was, the whole town, on one big beautiful kite, with all of its streets and trees, the square, the horses, the bicycles, the bandstand, the chickens, the church, and of course, the church bell!

Un mes completo estuvo encerrado trabajando en su obra maestra. Durante ese tiempo los niños del pueblo dejaron de verlo fabricar y vender estrellas.

Cuando por fin terminó su obra, Angel casi no lo podía creer: allí estaba, en un cometa enorme y bellísimo, todo el pueblo pintado, con sus calles, sus árboles, su plaza, sus caballos, sus bicicletas, su kiosko, sus gallos, su iglesia y, claro, ¡su campana!

Even if the town didn't have a church bell any more, at least the town on Angel's kite did. And now the only thing left to do was to send the kite flying!

That Saturday there was a strong wind, and as everyone watched very closely, Angel's "star" began to rise over the town into the cloudless sky. But it looked as if Lobo, Chino and Rabito could smell trouble, because their tails weren't wagging happily the way they usually did.

Angel lo había conseguido: si bien la iglesia de su pueblo no tenía campana, al menos el pueblo de su estrella sí la tenía. Y ahora, ¡sólo había que echarla a volar!

Aquel sábado de intenso viento, ante la mirada atenta de todos, la estrella de Angel comenzó a elevarse, con su pueblo, sus nubes y su cielo en el cielo sin nubes de su pueblo. Pero parecía que Lobo, Chino y Rabito presentían algo, pues sus colitas no se meneaban alegres como siempre.

The wind was so strong that the kite started to swoop out of control, and Angel couldn't keep it from flying away.

Oh, what sadness, to see that the bell he'd made to bring happiness to the town was lost now, too!

Everyone started to run after the kite as it flew farther and farther away. Then some of the children had the brilliant idea of following it on their bicycles — and all the dogs came running behind....

El viento soplaba con tal fuerza que el cometa comenzó a salirse de control. Angel no pudo evitar que se le escapara.

¡Qué desesperación sintió al ver que perdía también esta campana que él mismo había fabricado para dar alegría a su gente!

Todos comenzaron a correr detrás de la estrella que cada vez se alejaba más. De pronto algunos niños tuvieron la brillante idea de perseguir al papalote en sus bicicletas. Y detrás de las bicicletas, los perros...

When they got to the train station, the youngest children turned back home. But the older ones crossed the tracks and plunged deep inside the farmer's fields.

By the time they reached the end of the corn fields at the foot of the hills, only a few of Angel's friends were still following along. They decided to go on foot now, since bicycles wouldn't do them any good in that hilly place. In the distance, the pale moon was smiling.

Cuando llegaron a la estación del tren los niños más chicos dieron marcha atrás. Los más grandes y decididos pasaron las vías, y se internaron en los campos de cultivo.

Cuando llegaron al pie de los montes, allí donde terminan los maizales, ya sólo quedaban unos cuantos amigos junto a Angel. Acordaron seguir a pie, pues las bicicletas ya no eran útiles en esos terrenos. Una pálida luna sonreía a la distancia.

As evening came on, the last three friends walking with Angel gave up and went home. The kite seemed to be making faces at them, shining high above as if it were all a joke.

Only Lobo, Chino and Rabito were still beside him when Angel reached the hilltop, just as the sun was setting. They could see the town below getting ready for sleep — and facing them, the kite was glittering like a star with the last rays of the sun.

Al atardecer, los últimos tres amigos que acompañaban a Angel se dieron por vencidos. Parecía que el cometa más bello del mundo, brillante allá en lo alto, les hacía muecas de burla o de complicidad.

Sólamente Lobo, Chino y Rabito acompañaron a Angel hasta la punta del cerro. Llegaron justo al ocaso. Desde esa altura, allá abajo, se veía el pueblo preparándose para descansar, y, enfrente, más bella que nunca, la estrella resplandeciente con los últimos rayos del sol.

Since there was no place higher to go, Lobo, Chino and Rabito lay down to catch their breath, and the kite — or was it a star? — did the same.

But Angel felt that if he'd been patient enough to spend a whole month making his kite, he could surely wait a few hours now for it to drop when the wind died down.

Como ya no era posible subir más, Lobo, Chino y Rabito se tendieron a recuperar el aliento mientras el cometa — ¿o era una estrella? — hacía lo mismo.

Angel sintió de pronto que si había tenido la paciencia suficiente para trabajar un mes completo en la fabricación de su cometa, bien podía esperar unas horas a que éste bajara cuando dejara de soplar el viento.

Nothing could make Angel and his little guard-dogs leave their post — not the cold, or the darkness, or the exhaustion, or the loneliness of the high hills. They curled up into a ball to keep each other warm, and kept their eyes wide open all night.

Then, just before dawn, something amazing happened. The kite burst into flames like a blue star, high above their heads! Angel couldn't tell whether he was awake or in a dream....

El frío, la oscuridad, la fatiga y la soledad en las alturas no lograron hacer que Angel y sus perritos guardianes abandonaran su puesto de observación: se hicieron bolita para darse calor y mantuvieron los ojos bien abiertos.

Así soportaron toda la noche hasta que, un poco antes del amanecer, sucedió algo maravilloso: ¡el cometa se encendió como una estrella azul en las alturas! Angel no supo a ciencia cierta si estaba despierto o estaba soñando...

Suddenly the wind stopped blowing, and a great silence fell. The shining kite began to descend majestically, until it set itself down gently on the earth.

Angel and the three dogs ran to the place where the kite had fallen. The sky shared Angel's happiness by bringing forth the first light of the new day.

De pronto dejó de soplar el viento
y se hizo un silencio enorme. El cometa iluminado comenzó
a descender majestuosamente hasta posarse con delicadeza en tierra.

Angel y sus tres perritos corrieron hasta el sitio
donde yacía la estrella.

El cielo, más profundo que el mar,
compartió su alegría con las primeras luces del alba.

Angel took the kite lovingly into his hands, and he saw that everything he'd drawn on his kite, the town square, the church, the animals, everything was there except... the church bell was gone!

And to his great surprise, at that very moment, he could hear far away the most beautiful sound he had ever heard.

There below, the church bell was ringing!

Down the hill he ran in excitement.

Angel tomó el cometa amorosamente entre sus manos, pero, de pronto, descubrió que en el pueblo de su dibujo estaba todo en su sitio: la plaza, la iglesia, los animales, todo, sí, pero...¡faltaba la campana!

Para su mayor sorpresa, en ese momento oyó a lo lejos el sonido más hermoso que sus oídos hubieran escuchado nunca:

¡Allá abajo estaba repicando la campana de su pueblo!

Angel bajó corriendo entusiasmado...

By the time Angel reached the square with Lobo, Chino and Rabito, it was noon on Sunday, and he saw that the whole town was celebrating a *fiesta*.

His family greeted him with tremendous joy. But they weren't only having a *fiesta* because Angel and his three little dogs had come home.

At dawn, the town church bell had mysteriously reappeared... and *almost* nobody knew how.

Cuando Angel llegó a la plaza de su pueblo el domingo al mediodía con Lobo, Chino y Rabito, se encontró con que todo el pueblo celebraba una gran fiesta.

Su familia lo recibió con inmensa alegría. Pero no sólo había fiesta por su regreso y el de los tres perritos guardianes.

En la madrugada, misteriosamente, había vuelto a aparecer — *casi* nadie sabe cómo — la campana de su pueblo.

ALBERTO BLANCO is one of Mexico's most outstanding poets. He is the prize-winning author of more than 20 books, including *The Desert Mermaid* published by Children's Book Press.

RODOLFO MORALES is one of Mexico's greatest living artists. His works can be seen in museums and galleries throughout the world. He created these collage pictures especially for Alberto Blanco's story, which was in turn inspired by Rodolfo's own childhood as a kite maker in his beloved town of Ocotlán, in the state of Oaxaca, Mexico.

DAN BELLM is a poet and journalist living in San Francisco. His translations of fiction and poetry from Latin America have appeared in numerous books and magazines.

Editors: Harriet Rohmer and David Schecter
Design: Nancy Hom
Production: Tony Yuen   Photography: Lee Fatheree
Printed in Hong Kong through Interprint.

Children's Book Press is a nonprofit organization, supported in part by grants from the California Arts Council. We publish children's literature, featuring both traditional and contemporary stories from minority and new immigrant cultures in America today. For a complimentary catalog, write: Children's Book Press, 6400 Hollis Street, #4, Emeryville, CA 94608.

Library of Congress Cataloging-in-Publication Data

Blanco, Alberto, 1951-    Angel's kite / story by Alberto Blanco; pictures by Rodolfo Morales: English translation by Dan Bellm = La estrella de Angel / escrito por Alberto Blanco: ilustrado por Rodolfo Morales; traducido al inglés por Dan Bellm.  p.  cm.

Summary: A young boy makes a kite that mysteriously restores a long-missing bell to the town church.  ISBN 0-89239-121-9.

[1. Kites – Fiction.  2. Bells – Fiction.  3. Spanish language materials – Bilingual.]   I. Morales, Rodolfo, 1925-  ill.  II. Title.  III. Title: Estrella de Angel.

PZ73.B555 1994    93-42285    CIP    AC